글 에버랜드 동물원

에버랜드 동물원은 1976년 문을 연 이래로, 수많은 사람들이 동물들과의 교감을 통해 잊지 못할 즐거움과 감동을 얻는 생태 교육장으로서의 역할을 해 왔다. 에버랜드 동물원에는 탐험 차량을 타고 다니며 기린, 코끼리 등의 초식 동물과 사자, 호랑이 등의 맹수 동물을 만날 수 있는 로스트밸리와 사파리월드를 비롯해, 세계적인 멸종 위기 동물인 자이언트판다, 레서판다를 만날 수 있는 판다월드, 몽키밸리, 타이거밸리, 뿌빠타운 등이 있다. 동물원 사육사들은 이곳에 살고 있는 동물들이 건강하게 잘 지낼 수 있도록 온 정성을 다해 동물들을 보살핀다.
이러한 노력의 결실로 에버랜드 동물원은 2019년 아시아 최초로 미국동물원수족관협회(AZA)의 정회원으로 국제 인증을 받았으며, 이후에도 동물과 사람이 함께 행복한 동물원이 되도록 사육 기술 및 환경 개선을 위해 끊임없이 노력하고 있다. 이 책을 통해 동물에 대한 생태 정보뿐 아니라, 동물들과 사육사 사이의 우정과 사랑 가운데 펼쳐지는 동물원의 일상의 모습이 잘 전해지기를 바라는 마음이다.

그림 윤보원

대학에서 회화를 공부하고, 지금은 지리산 자락 섬진강이 흐르는 곳에 살면서 그림을 그리고 있다.
구례에 '봄담'이라는 작은 그림책 작가 개인 숍을 운영 중이다. 살아가면서 보고 느끼는 것을 계속 글과 그림으로 기록해 나가고 싶은 바람이 있다.
그동안 쓰고 그린 책으로 《분홍 보자기》, 《섬진강》, 《지하철 사람들 봉투에 담다》가 있으며,
그림을 그린 책으로 《불가사리》, 《전우치전》, 《으랏차차 도깨비죽》, 〈쿵쿵이가 간다!〉 시리즈 등이 있다.

오물오물 풀 먹는 동물

초판 제1쇄 발행일 2020년 7월 10일 초판 제3쇄 발행일 2024년 4월 15일
글 에버랜드 동물원 | 그림 윤보원
발행인 조윤성
발행처 (주)시공사 주소 서울시 성동구 상원1길 22, 7-8층 전화 문의 02-2046-2800 홈페이지 www.sigongsa.com | www.sigongjunior.com
글 ⓒ 에버랜드 동물원, 2020 | 그림 ⓒ 윤보원, 2020

이 책의 출판권은 (주)시공사에 있습니다. 저작권법에 의해 한국 내에서 보호를 받는 저작물이므로 무단 전재와 무단 복제를 금합니다.
ISBN 979-11-6579-103-2 77490 ISBN 979-11-6579-102-5(세트)

홈페이지 회원으로 가입하시면 다양한 혜택이 주어집니다. 잘못 만들어진 책은 구입하신 곳에서 바꾸어 드립니다.

> 일러두기
> 1. 에버랜드 동물원의 로스트밸리와 판다월드에서 만날 수 있는 동물들을 중심으로 구성했습니다.
> 2. 동물에게 붙여진 이름, 사육사 에피소드는 에버랜드 동물원의 실제 이야기를 바탕으로 꾸몄습니다.
> 3. 동물의 모습을 담은 에버랜드 동물원의 다양한 영상을 QR코드를 통해 만날 수 있습니다.
> 4. 동물에 대한 부가 설명이나 팁은 '애니멀 톡' 박스 안에 담았습니다.

WEPUB 원스톱 출판 투고 플랫폼 '위펍' __wepub.kr
위펍은 다양한 콘텐츠 발굴과 확장의 기회를 높여주는 시공사의 출판IP 투고·매칭 플랫폼입니다.

 시공주니어 도서목록을 만나 보세요.

네버랜드 동물원

오물오물 풀 먹는 동물

에버랜드 동물원 글
윤보원 그림

시공주니어

목 차

풀을 좋아하는 동물들을 만나요!

자연은 신비롭고 아름다워요. 우리는 자연 속에서 여러 동식물들과 함께 조화롭게 살아가지요.
세상에는 다양한 동물들이 있어요. 동물들은 어떤 것을 먹냐에 따라 초식, 육식, 잡식으로 나뉘어요.
풀을 먹는 동물들은 생태계의 평화로움을 의미해요. 사나운 맹수들로부터 자신을 보호하며
환경에 적응하는 특성을 갖고 태어났어요. 초식 동물들은 자손을 늘리기 위해
여러 방법을 찾으며 열심히 살아간답니다.

세상에서 가장 큰 육지 동물 코끼리

세상에서 가장 키가 큰 기린

둥글둥글 예민한 자이언트판다

불타는 털색을 가진 귀여운 레서판다

동물원 인터뷰 : 풀 먹는 동물들의 건강을 지켜라!
코끼리 건강 관리 프로젝트!

도시락을 등에 진 쌍봉낙타

초원 위의 멋쟁이 하양 깜장 얼룩말

민둥민둥 커다란 코뿔소

다 자라도 120센티미터 아담한 무플론

동물들이 원래 살던 곳은 어디일까?
알면 알수록 다양한 풀 먹는 동물들

동물원 가족들

동물원에서는 동물과 사람이 어우러져 살아가요. 동물원 사람들은 동물이 건강하고 행복하게 지낼 수 있도록 생태 환경을 가꾸고, 동물을 더 잘 알아가기 위해 애쓴답니다.

나는 사육사예요. 여러 사육사들과 함께 풀 먹는 동물들을 돌보고 있어요. 동물들에 대한 재미난 이야기를 들려줄게요.

나는 수의사예요. 사육사와 함께 동물원 동물들의 건강을 책임지고 있지요.

나는 영양사예요. 동물들에게 균형 잡힌 영양 식사를 제공해요.

우리는 동물사랑단! 알면 알수록 동물 친구들과 마음이 통하는 게 느껴져요.

동물원 에티켓

① 동물들의 건강을 위해 정해진 먹이 외에 음식물 등을 주지 않아요.
동물들이 먹고 병에 걸릴 수 있어요.

② 반려동물과 함께 동물원에 들어올 수 없어요.
동물들이 전염병에 걸려 아플 수 있거든요.

③ 소리에 민감한 동물을 만날 때는 조용히 해요.
목소리를 낮추고 유리창을 두드리지 않아요.

④ 동물이 지내는 공간에 물건을 함부로 던지지 않아요.
동물이 맞거나 상처를 입을 수 있어요.

⑤ 사진을 찍을 때는 동물이 놀라지 않게 조심해요.
카메라 셔터 소리나 플래시에 놀라 스트레스를 받아요.

⑥ 동물이 자고 있다고 화내거나 일부러 깨우면 안 돼요.
야행성 동물은 낮에는 잠을 자고 주로 밤에 활동해요.

⑦ 만나고 싶었던 동물을 보지 못해도 슬퍼하지 말아요.
기후에 민감한 동물은 날씨에 따라 장소를 바꿔 주거든요.

난 조용한 게 좋아요.

세상에서 가장 큰 육지 동물 코끼리

코끼리는 땅에 사는 동물 가운데
가장 덩치가 커요.
힘도 어마어마하게 세서
맹수들도 함부로 덤비지 못하지요.
몸도 크지만, 어느 동물보다 코도 길어요.
기다란 코로 냄새도 잘 맡고, 인사도 한답니다.

| 안녕? | 안녕? |

코끼리는 서로의 코를
어루만지며 친해진다.

등의 가운데가 볼록 올라와 있다.

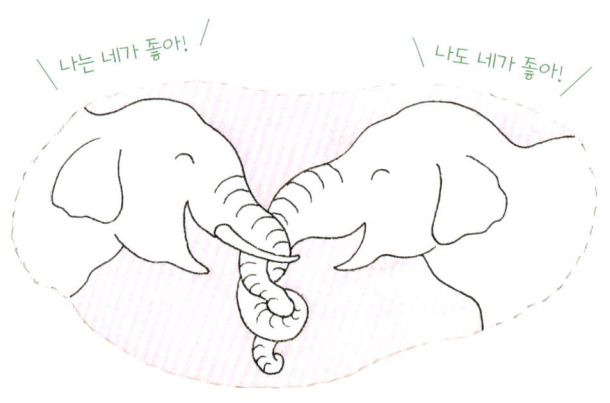

| 나는 네가 좋아! | 나도 네가 좋아! |

코를 꽈배기처럼 꼬아 서로
좋아하는 마음을 표현한다.

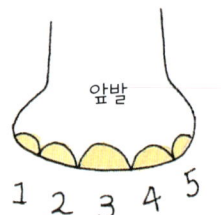

발뒤꿈치가 뼈 없이 지방으로 채워져
있어 걸을 때 소리가 안 난다.

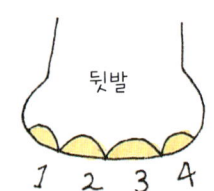

앞발   뒷발
1 2 3 4 5   1 2 3 4

앞발은 발톱이 5개,
뒷발은 발톱이 4개예요.

코끼리는
뭐든지 코로 해요

코끼리는 기다란 코가 손이에요.
코로 목욕하고, 밥 먹고,
아기 코끼리를 돌보기도 하지요.
무엇이든 코로 하는 코끼리에게
코는 정말 정말 중요하답니다.

◎ **코끼리의 피부 관리법**

더운 지역에 사는 코끼리는
더위를 피하고, 피부를 보호하기
위해 여러 방법을 사용해요.

◎ **아기 코끼리 돌보기**

엄마 코끼리와 아기 코끼리는 늘 함께 다녀요.
엄마 코끼리는 기다란 코로 아기 코끼리를 돌보지요.

등이나 배에 모래, 진흙을 뿌리면 벌레가 달라붙지 않아요.

아, 시원해!

뜨거운 여름엔 샤워기로 물 뿌리듯이 놀아요.

내 피부는 소중하니까.

따가운 햇살에 피부가 상할까봐 풀을 뿌려요.

엄마, 어디 가는 거예요?

아기 코끼리는 엄마 코끼리를 잃어버리지 않으려고 자신의 코로 엄마의 꼬리를 잡고 다니기도 한답니다.

아기 코끼리가 위험한 데로 가려 하면 엄마 코끼리가 코로 막아요.

◎ 코식이와 함께하는 하루

동물원에서 만날 수 있는 코끼리, 코식이는 함께 지낸 지 오래돼서 이젠 눈빛만 보아도 서로의 마음을 알 수 있어요.

"코식아, 잘 잤니?"

아침이 되면 제일 먼저 코식이와 인사를 해요. 코끼리들은 애정을 표현할 때 자신의 코를 다른 코끼리의 입에 넣는답니다.

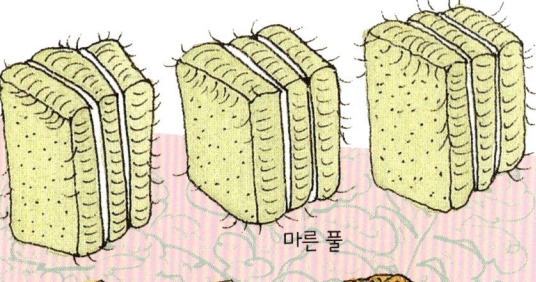

"이게 코식이가 하루 동안 먹는 양이에요."

마른 풀, 바나나, 사과, 당근

코끼리는 하루에 100킬로그램 이상 먹는 대식가예요. 야생에서는 먹이를 찾아 매일 16시간을 걸어 다닌다고 해요.

◎ 말하는 코끼리, 코식이

어느 날부터 코식이가 내 말을 따라 하기 시작했어요.
처음 한 말이 "좋아!"였어요.
그 뒤로 여러 단어를 따라 했어요.

"좋아!" "누워!" "안 돼!" "아직!" "발!" "앉아!" "이리 와!"

"사람이 입에 손을 넣어 휘파람을 불듯 코식이도 코를 입안에 넣고 내 목소리를 흉내 내는 거였어요. 정말 똑똑한 코끼리죠?"

코식이는 나를 친구로 생각하고 자주 장난을 쳐요.
코로 신발 끈을 슬쩍 풀거나 바지를 잡아당기지요.

◎ 코식이가 잠들 때

코식이는 옆으로 누워서 코를 안으로 돌돌 말고 자요. 가끔 코를 골기도 해요.
코 고는 소리가 꼭 거친 바람 소리 같아요.

"코끼리에겐 코가 중요해서 코를 최대한 목 밑에 감추고 자요. 잠자는 시간은 하루에 4~5시간 정도 돼요."

잠깐씩 낮잠을 잘 때는 코를 땅에 대고 자요.

코식이는 주로 마른 풀을 먹어요.
과일이나 채소는 간식으로 주는 거예요.
하루 종일 먹기 때문에 부지런히 날라야 해요.

"코식아, 밥 먹자!"

"똥 한 덩어리가 2킬로그램 정도 돼요. 코끼리의 건강을 살피기 위해 똥의 개수를 세고, 냄새도 맡고, 무게도 달아 봐요."

많은 양을 먹으니 똥의 양도 어마어마해요.

코끼리 똥은 수레에 가득 담아 치워요.

"헉, 양이 엄청나다!"

✱ 코끼리 똥으로 종이 만들기

코끼리 똥은 섬유질이 많아서 종이로 만들 수 있어요.

① 코끼리 똥을 모아 햇볕에 잘 말려요.
② 솥에 넣고 오랫동안 삶으면 살균이 되고 섬유질만 남아요.
③ 부드러운 죽처럼 되면 염료를 넣고 휘휘 저어요.

④ 종이 틀에 걸러 내 얇게 펴고 햇볕에 바짝 말려요.
⑤ 짜잔! 종이 완성!

🎙 애니멀 톡! _아시아코끼리와 아프리카코끼리

코끼리는 크게 아시아코끼리와 아프리카코끼리로 나뉘어요.
둘은 생김새와 크기가 조금씩 다르답니다.

아시아코끼리	아프리카코끼리
	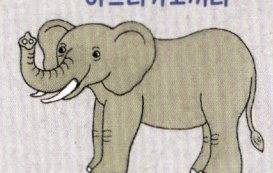
귀가 작은 사각형 모양이다.	귀가 크고 넓은 삼각형 모양이다.

코 위쪽에만 돌기가 있다.	코 위아래에 돌기가 있다.
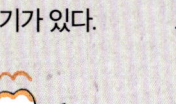	
머리 가운데가 움푹 들어가고 등은 둥그렇게 솟은 모양이다.	머리는 둥그렇고 등은 들어가 있다. 엉덩이가 솟은 모양이다.

세상에서 가장 키가 큰 기린

다리도 길고, 목도 길고, 혀도 긴 기린.
높은 곳에 달린 나뭇잎을 누구보다 잘 먹을 수 있지요.
긴 목으로 사랑을 표현하는 기린은 때로는
서로 목을 휘감으며 격렬하게 싸우기도 해요.

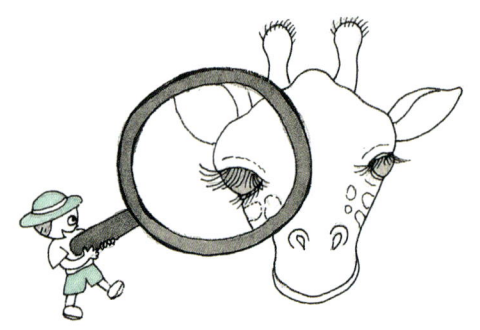

긴 속눈썹은 모래바람을 막고,
나무 가시나 벌레로부터 눈을 보호해 준다.

> 우리는 목 근육이 아주 튼튼해서 쉽게 부러지지 않아.

목뼈가 사람처럼 7개다.
단단한 근육으로 둘러싸여 있어
목이 튼튼하고 유연하다.

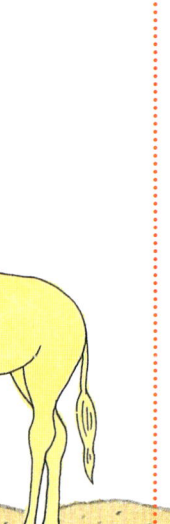

5미터

> 수컷끼리 싸울 때는 긴 목을 옆으로 휘둘러 상대의 몸통이나 목을 공격해요.

> 기린의 키는 5미터 정도 돼요. 아파트 2층 높이보다 높아요.

뭐든지 다 길어서
기린이에요

기린은 태어날 때부터 키가 커요.
막 태어난 아기 기린도 키가
180센티미터나 되지요. 기린이
사는 집도 2층으로 되어 있어요.
1층에서는 다리만 보이지만,
2층에서는 얼굴을 잘 볼 수 있어요.

서로 얼굴을 마주 보니 좋아요.

나도 좋아.

◎ 기린의 되새김질과 똥

기린이 음식물을 먹을 땐 긴 목을 따라 꿀렁꿀렁 음식물이
움직이는 게 보여요. 음식물이 내려갔다가 올라오기를 반복하는 건데,
이것을 '되새김질'이라 해요. 기린의 똥은 덩치에 비해 크기가 작은 편이에요.
하지만 그 양은 엄청나요. 한 번에 200~220개 정도가 쏟아진답니다.

내가 긴 다리를 번쩍 들고 앞발 차기를 하면 맹수도 겁을 먹고 도망가지.

물 마실 때는 앞다리를 옆으로 한껏 벌려야 해서 불편해.

만약에 목이 꿀렁꿀렁하지 않으면 기린이 되새김질을 못하고 있다는 거예요. 그건 기린이 아프다는 의미이지요. 그럴 때는 수의사에게 바로 진료를 받아야 해요.

기린의 되새김질

사육사님, 왜 똥을 보고 계세요?

기린의 똥으로 건강 상태를 알 수 있기 때문이에요. 건강한 똥은 냄새도 거의 안 나고 손에 묻어나는 게 없어요.

🔵 기린이 잠자는 법

기린은 하루에 2시간 정도만 잠을 자요. 앉았다가 일어나는 데 시간이 오래 걸려 주로 서서 잠깐 눈을 붙여요.

"기린이 제대로 잠을 잘 때 취하는 자세예요. 목이 길어서 이런 자세로 자야 편하게 잠들 수 있어요."

① 먼저 목을 낮추고 무릎을 굽혀서 앉아요.

② 머리를 돌려서 엉덩이에 올려요.

"서서 자는 건 깊이 잔다기보다 잠깐 쉬는 거예요."

"어? 기린이 눈을 감고 있어요."

"사육사님, 고맙습니다!"

"다리가 긴 기린은 한 번 넘어지면 낫기가 힘들어요. 그래서 겨울에는 미끄러지지 않도록 물기를 잘 닦아 바닥이 얼어붙지 않게 주의한답니다."

🎤 애니멀 톡! _기린은 달리기 선수

기린은 앞다리 길이만 2미터가 넘어요. 기다란 다리를 빨리 움직이면 에너지 소모가 많아서 평소에는 초속 1미터로 천천히 걷지요. 그러다가 한번 달리기 시작하면 긴 다리를 쭉쭉 뻗어 넓은 보폭으로 달리는데, 한 시간에 50킬로미터를 달릴 수 있어요.

"와, 진짜 빠르다!"

◎ 기린 가족은 대가족

기린은 여러 마리가 모여 살면서
강하고 사나운 동물로부터 서로를 보호해요.
주로 암컷 기린이 새끼들을 돌보고,
수컷 기린은 무리를 보호하는 역할을 해요.
그래서인지 암컷 기린의 모성애가 남달라요.

✿ 6월 21일은 세계 기린의 날!

국제기린보호단체는 야생 기린의 수가 급격히
줄어드는 걸 막기 위해 6월 21일을 세계 기린의 날로
지정했어요. 동물원에서는 매해 기린의 날이 되면
기린이 좋아하는 맛있는 음식을 선물로 준답니다!

둥글둥글 예민한
자이언트판다

귀도 둥글, 눈도 둥글, 엉덩이도 둥글.
온몸이 둥글둥글한 자이언트판다는
하얀 몸통에 까만 눈, 코, 입과 귀, 네 다리를
갖고 있어요. 눈은 별로 좋지 않지만
냄새를 잘 맡고 작은 소리도 잘 들어요.
몸집이 커서 자이언트판다, 또는
대왕판다라 불려요.

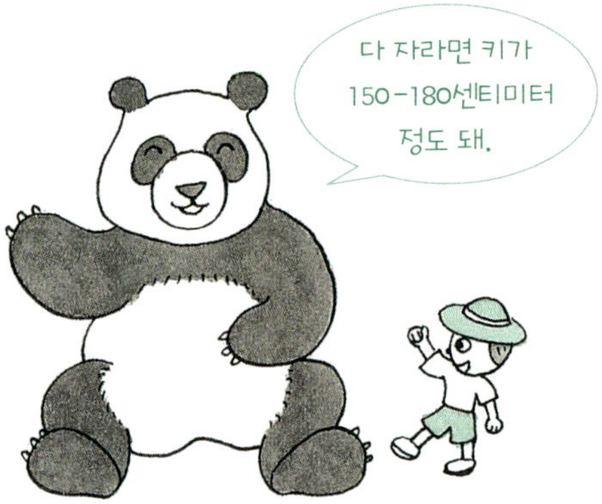

다 자라면 키가 150-180센티미터 정도 돼.

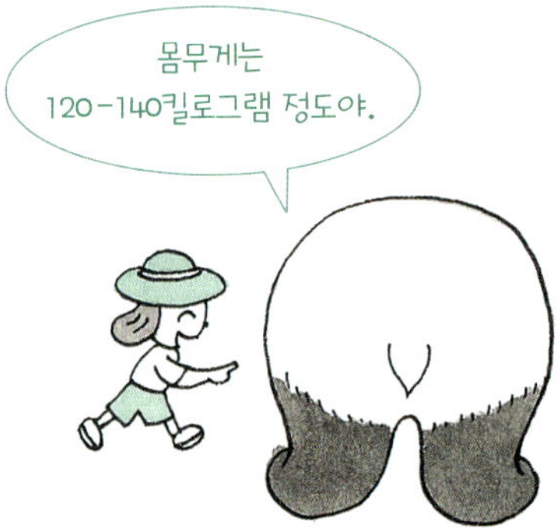

몸무게는 120-140킬로그램 정도야.

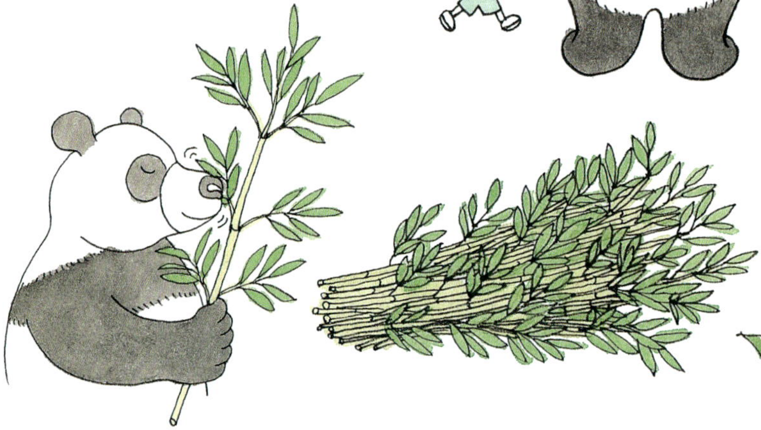

냄새를 잘 맡아서 맛난 대나무를 기가 막히게 구분한다.

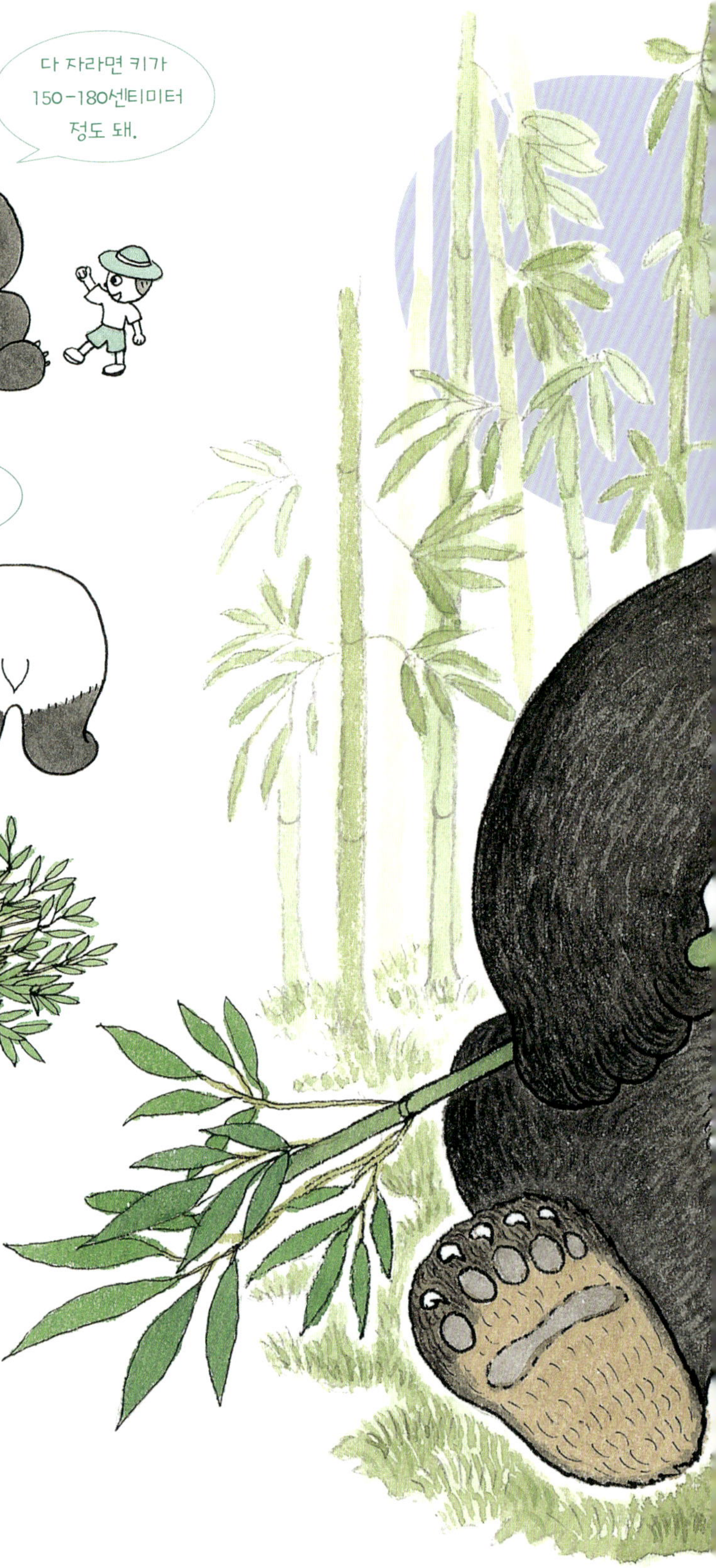

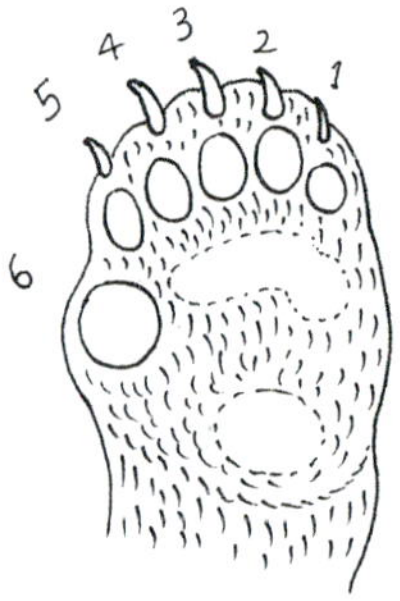

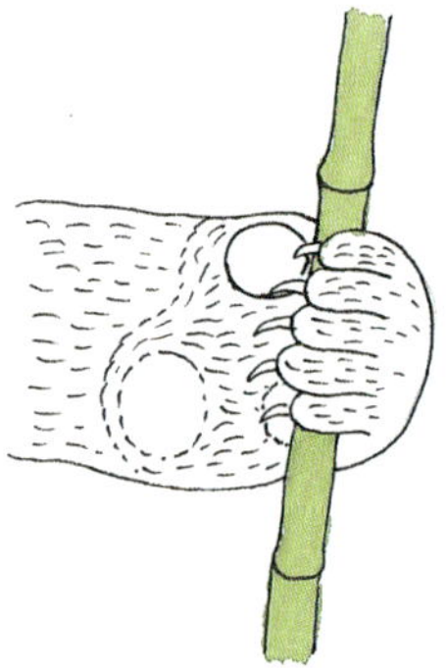

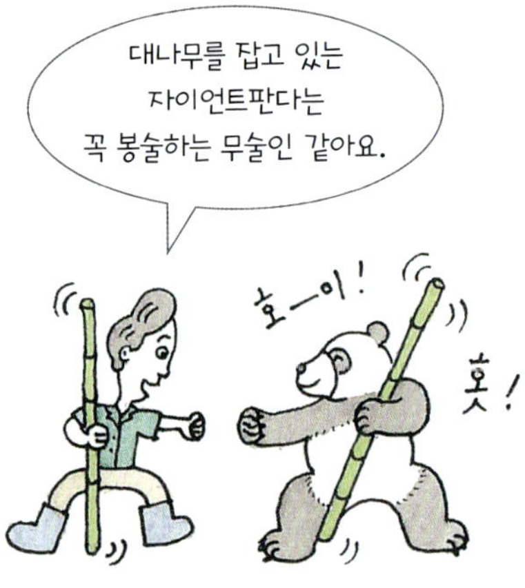

대나무를 잡고 있는 자이언트판다는 꼭 봉술하는 무술인 같아요.

자이언트판다는 앞 발가락이 여섯 개다.
그래서 대나무를 쉽게 잡을 수 있다.

자이언트판다는 나무 오르기 선수!

쉿! 조용! 예민한 자이언트판다가 나무 위에서 쉬고 있어요. 덩치가 크고 무겁지만, 나무 위에는 가볍게 올라간답니다. 자세가 아주 편안해 보이죠?

> 난 나무 위를 아주 가볍고 유연하게 오를 수 있어.
>
> 나는 나무 위에 올라가는 게 너무 좋아.

> 판다는 나무 위에 올라야 안정감을 느껴요. 그래서 동물원에서는 판다가 올라가 잘 쉴 수 있는 나무를 골라 심어요.

◎ 자이언트판다와 노는 하루

동물원에서 사육사들은 어떻게 하면 자이언트판다를 즐겁게 해 줄까 날마다 고민해요. 행동이 굼뜰 것 같지만, 판다는 놀기를 좋아하는 장난꾸러기예요.

① 등 긁어 주세요!
판다가 뒤돌아 앉아 대나무를 먹고 있을 때 등을 긁어 주면 아주 좋아해요.

② 까꿍 놀이를 해요!
판다는 유리를 사이에 두고 까꿍 놀이하는 걸 좋아해요.

③ 잡기 놀이를 해요!
이쪽저쪽 뛰면서 잡기 놀이하는 걸 좋아해요.

④ 낙엽을 가지고 놀아요!
가을에 낙엽을 깔아 주면 낙엽을 던지기도 하고, 그 위에서 데굴데굴 구르기도 해요.

⑤ 눈밭에서 놀아요!
시원한 걸 좋아해서 눈 속에 폭 파묻혀 뒹굴거리며 놀아요.

◎ 아이바오가 보여 주는 대나무 먹기 기술

자이언트판다는 대나무 먹는 기술이 뛰어나요.

① 먼저 맛있어 보이는 대나무를 골라요.
② 단숨에 대나무 마디를 꺾어요.
③ 초록색 나무 껍질을 이빨로 능숙하게 벗겨 내요.
④ 부드러운 속살만 맛있게 먹어요.

겉껍질은 너무 질기고 영양가가 없어서 안 먹어요.

✿ 자이언트판다의 특별 간식 워토우 만들기

동물원에서는 자이언트판다를 위해 영양빵 워토우를 개발했어요.
워토우는 부드럽고 짠맛이 나는 빵이에요.

옥수수+콩+쌀

① 옥수수, 콩, 쌀을 잘게 갈아 섞어요.
② 따뜻한 물, 설탕, 소금, 식용유, 달걀을 넣고 섞어요.

③ 반죽을 해서 동그랗게 뭉쳐요.
④ 찜기에 넣고 4시간 동안 쪄 내면 완성!

판다는 계절마다 다른 종류의 대나무를 먹어야 건강해요. 그래서 계절마다 필요한 영양소가 들어 있는 대나무를 찾아내는 신비한 능력을 가졌지요. 사육사들은 판다 입맛에 맞는 최고의 대나무를 찾으려고 늘 노력한답니다.

이건 맛없어.
휙!
툭!

러바오가 보여 주는 죽순 먹기 기술

자이언트판다는 죽순을 아무지게 잘 먹어요.

① 죽순을 붙잡고 이빨로 껍질을 까요.

② 죽순의 속살을 맛나게 먹어요.

③ 죽순을 먹다 꾸벅꾸벅 졸기도 해요.

나는 아이바오! 나는 러바오!
암컷 / 수컷

아이바오와 러바오의 등을 보세요. 아이바오는 무늬가 둥그런 모양인데, 러바오는 뾰족한 모양이에요.

우리 뒷모습도 다른가?

어? 똥에서 냄새가 안 나네?

잎사귀를 먹었을 땐 똥이 초록색 잎을 잘 뭉쳐 놓은 모양이에요.

반짝반짝 빛나는 건 뭘까?

줄기를 먹었을 땐 똥이 잘게 쪼개진 줄기를 잘 뭉쳐 놓은 모양이에요.

그건 미생물로 이루어진 얇은 코팅막이야. 이 막 덕분에 소화 기관이 다치지 않아.

자이언트판다 똥은 고구마처럼 생겼어요. 동물원에서는 판다 똥을 '잘생긴 고구마'라고 해요.

🎤 애니멀 톡! – 판다가 원래 육식 동물이었다고?

판다의 내장은 단순하게 이루어져 있어요. 육식 동물의 내장 구조와 비슷하지요. 그에 반해 초식 동물은 소화 기관이 길고 복잡해요. 학자들은 오래전에 고기의 맛을 느끼는 판다의 미각이 퇴화되면서 대나무를 먹기 시작했을 거라고 추측해요.

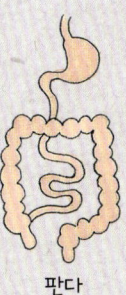
판다

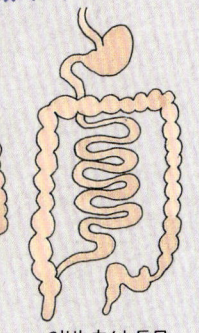
일반 초식 동물

불타는 털색을 가진 귀여운 레서판다

레서판다는 생긴 건 너구리와 엄청 비슷해요. 19세기에 히말라야 산맥에서 처음 발견되었지요. 전 세계 3천여 마리밖에 없는 멸종 위기 동물이랍니다.

나랑 비슷하게 생긴 친구들이야. 누가 누군지 헷갈리지?

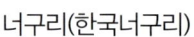
너구리(한국너구리)   라쿤(미국너구리)

레서판다는 자이언트판다와 달리 꼬리가 길고 풍성하다.

꼬리 길이 : 50센티미터

나는 가파른 곳이나 나무가 우거진 숲, 눈이 많이 내리는 지역에 주로 살아. 털이 수북해서 추운 겨울에도 끄떡없어.

털이 거칠고 빳빳하다.

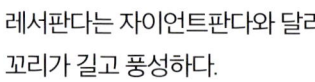

나는 두 발로도 잘 서 있어. 다 꼬리 덕분이야.

음냐 음냐

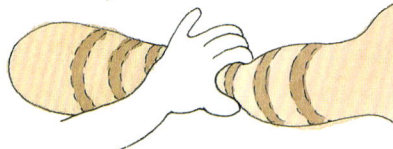
꼬리가 굵어 보이지만, 실제로 쥐어 보면 반 정도 굵기밖에 되지 않아요.

꼬리는 잠잘 때 베개가 되기도 하고   몸의 균형과 중심을 잡는 역할도 해요.

레서판다는 손 잘 쓰는 깜찍한 동물!

레서판다는 사람처럼
왼손잡이(왼발잡이),
오른손잡이(오른발잡이)가 있답니다.
동물원에 있는 레서판다, 레시는
주로 왼발을 사용하는 왼발잡이예요.

자이언트판다처럼 레서판다의 앞발에도
가짜 엄지가 있어요. 이 엄지 덕분에
먹이를 잘 잡을 수 있지요.

레서판다는 주로 대나무 잎을 먹는데,
과일, 도토리, 버섯, 나무뿌리도 잘 먹는답니다.

◎ 레서판다는 성격이 조용하고 예민해

레서판다가 위험을 느꼈을 때 하는 행동이 있어요.
앞발을 들고 일어나 팔을 양쪽으로 쫙 펴서
자기 몸을 크게 보이도록 만드는 거예요.
작은 소리에도 귀를 쫑긋 세우며 방어 자세를 취하지요.

나무 위에서 노는 게 좋아!

레서판다는 발톱을 사용해 나무를 잘 타요. 대부분 나무 위에서 시간을 보내지요. 자이언트판다처럼 잠이 많아 나무에 매달려 잠을 잘 때가 많답니다. 기분이 좋을 땐 나무를 오르락내리락하며 뛰어다녀요.

🎤 애니멀 톡! _세상에서 제일 귀여운 동물

레서판다는 나무 위에서 고양이처럼 털을 고르며 그루밍을 해요. 몸단장을 하는 것이지요. 세상에는 귀엽고 사랑스러운 동물들이 참 많지만, 그중에서 레서판다는 해외 주요 언론사(CNN)에서 '세상에서 제일 귀여운 동물 1위'로 뽑힐 정도로 귀여운 동물이에요.

풀 먹는 동물들의 건강을 지켜라!

풀을 먹는 동물들은 되새김질을 하며 하루 종일 먹어요. 그래서 사육사들은 먹이가 떨어지지 않게 부지런히 일한답니다. 동물마다 키와 몸무게, 성격이 모두 달라서 동물에 맞게 건강을 챙기지요. 동물들도 우리처럼 건강 검진을 하는데, 키와 몸무게도 재고, 입속도 살피고, 피부 상태가 괜찮은지도 확인해요.

키가 큰 기린은 어떻게 키를 재요?

기린은 워낙 키가 크기 때문에 나무에 높이를 표기하고 기린이 그 앞을 지나갈 때 키를 재요. 이 방법으로 어린 기린들의 키가 정상적으로 자라고 있는지 확인하면서 건강 상태도 직간접적으로 파악할 수 있답니다.

무거운 코뿔소는 몸무게를 어떻게 재요?

코뿔소가 지나는 복도는 바닥 전체가 체중계랍니다. 평소 코뿔소들이 그곳을 지나다닐 때 몸무게가 자동으로 측정되지요.

동물들의 건강 상태는 어떻게 알아요?

 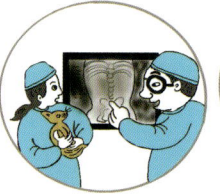 

몸무게를 주기적으로 재거나 먹이를 잘 먹는지를 유심히 관찰해요. 또 동물들이 누는 똥을 통해서도 먹이를 잘 소화했는지, 다른 병은 없는지, 혹시 스트레스를 받지는 않았는지 알 수 있지요. 소화가 잘된 똥은 모양도 예쁘고 냄새도 나지 않는답니다. 1년에 한 번씩 정기적으로 건강 검진을 하는데, 청진기를 대거나 엑스레이를 찍어 살피고, 피를 뽑기도 하지요. 코끼리는 커다란 귀 끝, 기린은 기다란 목에 가느다란 바늘을 콕 찔러 채혈한답니다.

인터뷰

동물들이 아플 때 약은 어떻게 먹어요?

동물이 아플 때는 빨리 나을 수 있도록 약을 주는데, 보통 좋아하는 사료에 약을 넣거나 과일 안에 알약을 집어넣어요. 때로는 마시는 물에 약을 살짝 타 주기도 하지요. 그런데 머리 좋은 코끼리는 알약을 기가 막히게 잘 골라내요. 그래서 초콜릿처럼 만들어 주었더니 코로 감싸 쥐고 잘 먹는답니다.

코뿔소처럼 몸무게가 많이 나가는 동물이 다리를 다치면 일어나기가 어려워요. 그럴 때는 빨리 낫도록 마사지를 해 준답니다.

코끼리 건강 관리 프로젝트!

코끼리의 발 관리

코끼리는 몸무게가 5톤이나 돼요. 무거운 체중을 견뎌 내려면 다리와 발이 튼튼해야 하지요. 발에 작은 상처라도 있으면 무게 때문에 코끼리가 고통스러워할 수 있어요. 그래서 바닥에 있는 작은 돌 같은 것들이 발바닥에 박히지 않도록 깨끗이 닦아 준답니다. 코끼리가 발을 들어 올리면 길게 자란 발톱도 예쁘게 깎아 주어요.

코끼리의 코 관리

코끼리의 코는 손과 같아서 먹이를 집거나 장난을 칠 때, 친구들과 이야기할 때도 사용해요. 그런데 이렇게 중요한 코끼리의 코가 계속 아래쪽만 향해 있으면 근육이 굳어서 나중에 유연하게 움직이기가 어려워져요. 그래서 코가 위쪽으로 향할 수 있도록 건초 더미를 높이 달아 운동을 할 수 있도록 한답니다. 코 운동을 할 때는 코끼리 입이 잘 보여서 입안에 충치가 없는지 확인하기도 해요.

도시락을 등에 진 쌍봉낙타

사막을 자유롭게 누비는 낙타!
등에 봉이 봉긋하게 솟은 낙타!
봉은 낙타의 도시락이에요.
이 봉 덕분에 낙타는 아무것도 먹지 않고도
사막에서 한 달 가까이 버틸 수 있어요.

엄청 볼록 솟아 있어요. 이게 다 영양분이라니!

낙타는 도시락처럼 봉 안에 지방을 담아 두고 필요할 때 쓰지요.

혹처럼 솟은 봉 안에는 영양분이 가득 들어 있다.

건강한 상태
건강하지 못한 상태

내 배에도 지방이 저장되어 있어 볼록해.

발바닥이 편평해.

발바닥이 단단하고 넓어 모래에 잘 빠지지 않는다.

요건 낙타 발자국.

낙타 무릎엔 굳은살이 있어요

낙타의 다리를 자세히 보면
무릎 부분에 털이 없고 하얘요.
이 부분이 다 굳은살이에요.
낙타는 태어날 때부터 굳은살이 있어요.
앞뒤 가슴에도 굳은살이 있지요.

◎ **낙타가 무릎으로 앉는 방법**

사막에서 짐을 싣고 다니는 쌍봉낙타는 무릎 관절이 튼튼해서
앉았다 일어나기를 여러 번 반복해도 끄떡없어요.

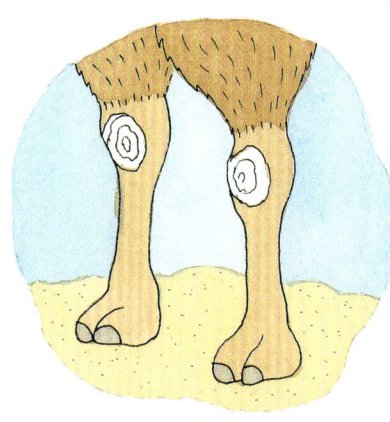

① 앞쪽 두 무릎을 구부린다.

② 뒤쪽 두 무릎을 구부린다.

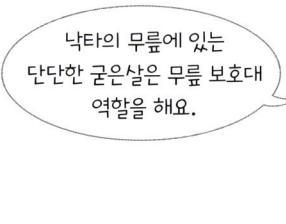

낙타의 무릎에 있는 단단한 굳은살은 무릎 보호대 역할을 해요.

◎ **낙타의 특이한 걸음걸이**

낙타는 걷는 모습이 참 재밌어요.
마치 배가 바다 위에서 흔들거리듯, 출렁출렁 걷지요.
그래서 낙타가 '사막의 배'로 불리나 봐요.

① 왼쪽 다리 2개가 한꺼번에 앞으로 나가요.

② 그런 다음 오른쪽 다리 2개가 한꺼번에 앞으로 나가요.

우리가 천천히 걷는 건 에너지를 아끼기 위해서야.

낙타는 걸을 때마다 무게 중심이 한쪽으로 쏠려요. 그래서 낙타를 타면 멀미가 날 수도 있어요.

쌍봉낙타들의

◎ 낙타의 마음 사로잡기

낙타는 사람과 오랫동안 함께 지내 온 동물이지만,
마음을 쉽게 열지 않는 조심성 많은 동물이에요.
그래서 낙타를 만날 때는 서두르지 않고 천천히 다가가요.

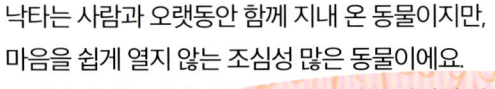

싸리 빗자루는 얼굴, 등, 엉덩이를 긁는 데 아주 좋아!

물 좀 마셔 봐. 시원할 거야.

◎ 낙타의 털갈이란?

낙타는 매년 늦봄에서 초여름까지 털갈이를 하며
몸을 새롭게 단장해요. 사막이나 건조한 초원에 사는
낙타에게 털은 매우 중요해요. 낙타의 털은 부드럽고
가벼워 열과 추위를 동시에 막아 주지요.

어느 날 털갈이 중에 있던 낙타가 여기저기에 몸을 비비는 모습을 보았어요.

낙타가 상처를 내지 않고 몸을 긁을 수 있도록 부드러운 재료를 찾았어요.

체온이 떨어지지 않도록 긴 털이 자라서 따뜻해.

긴 털이 빠지고 짧은 속털만 남아서 시원해.

여름, 겨울 옷이 따로 필요없네.

겨울   여름

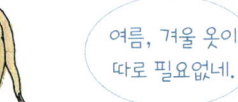

그러다 싸리 빗자루를 떠올렸지요.

인기 아이템

이건 새로운 형태의 브러시군.

몸 구석구석을 고루 긁을 수 있게 여러 모양의 브러시를 연구하고 있어요.

사막에서 온 낙타들을 위해 모래로 방석도 만들고 목욕탕도 만들어 주지요. 낙타들이 휴식을 취하기에 안성맞춤이에요.

목욕탕에서는 발바닥 목욕을 해.

소복한 모래 방석에서 시원하게 몸을 긁으며 쉴 수 있어.

모래 방석

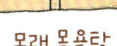
모래 목욕탕

◎ 낙타를 위한 브러시 만들기

싸리 빗자루로 만든 브러시는 몸 안쪽까지 긁을 수 있어서 낙타들이 아주 좋아한답니다.

 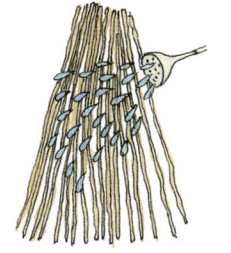  

① 싸리 빗자루를 준비한다.
② 싸리 빗자루를 풀어 물로 깨끗이 씻는다.
③ 알코올로 소독한다.
④ 뻣뻣함을 없애고 부드럽게 만들기 위해 여러 번 빗질을 한다.

나무 기둥에 적당한 위치를 잡아 싸리 나뭇가지를 단단히 고정했더니 아주 좋아해요.

건초를 먹고 나서 얼굴에 묻은 건초를 떼어 내는 데 사용하기도 한답니다.

🎤 애니멀 톡! - 선인장을 먹어도 다치지 않아요!

낙타는 날카로운 가시가 달린 선인장도 아무렇지 않게 먹어요. 입속 피부가 매우 두껍고 단단하며 뾰족한 돌기들이 여러 개 나 있기 때문이에요. 그래서 가시에 찔리거나 상처가 나지 않으면서 선인장을 맛있게 먹을 수 있답니다. 선인장에는 수분이 저장되어 있어서 낙타는 건조한 사막에서 자라는 선인장을 먹으며 목마름을 해결해요.

목마를 땐 선인장이 최고지.

우적우적

초원 위의 멋쟁이 하양 깜장 얼룩말

얼룩말은 멋진 줄무늬를 가졌어요.
하양 깜장 줄무늬가 선명해
무리 지어 있는 얼룩말들을 보면
눈이 어질어질할 정도지요.
다 똑같은 얼룩말 같지만,
저마다 무늬가 제각각이랍니다.

어? 자세히 보니 무늬가 다르네요?

얼룩말마다 고유의 무늬가 있어서 사육사는 그걸 보고 얼룩말들을 구분하기도 해요.

얼룩말의 줄무늬는 사람의 지문과도 같아서 무늬가 조금씩 다르다.

얼룩말 줄무늬는 몸의 부위에 따라 방향이 다르다.

목에서 몸통까지는 세로 줄무늬.

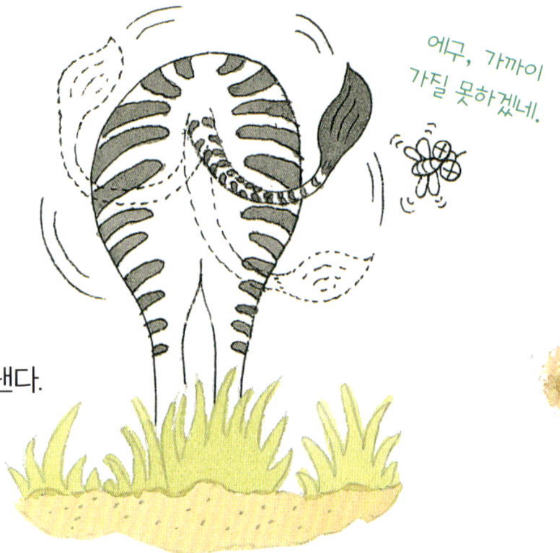

앞다리, 뒷다리, 엉덩이는 가로 줄무늬.

에구, 가까이 가질 못하겠네.

꼬리는 길이가 약 50센티미터이고, 끝에 털 뭉치가 있다. 초속 1미터로 빠르게 움직여 파리나 벌레를 쫓아낸다.

얼룩말과의 거리감을 좁혀라

얼룩말은 보통 말보다 훨씬 예민하고 조심스러워요. 게다가 성격이 급하고 사나워서 친해지기 쉽지 않지요.

◎ **얼룩말에게 줄무늬란?**

얼룩말의 줄무늬는 멋으로 있는 게 아니에요. 위험으로부터 얼룩말을 지켜 주는 역할을 하는, 일종의 보호색이라 할 수 있어요.

얼룩말이 무리 지어 있으면 커다란 한 마리 동물처럼 보여서 사자가 쉽게 공격하지 못해요.

얼룩말은 누, 기린 등과 사이좋게 지내요. 서로 먹는 풀이 달라 싸우지 않아요.

얼룩말의 줄무늬는 피를 빨아 먹는 흡혈 파리인 체체파리에게 혼란을 주어 얼룩말 몸에 달라붙지 못하게 해요.

동물원에 있는 얼룩말, 날로의 마음을 얻기 위해 하루 종일 당근을 들고 눈높이를 맞추어 앉아 있었어요.

조심스럽게 다가가 눈을 마주치며 날로의 얼굴을 살살 쓰다듬기도 했어요.

얼룩말의 피부색은 검은색이에요. 검은 피부 위에 흰 털과 검은 털이 덮여 있는 거예요.

◎ 얼룩말의 성격과 기분 파악하기

얼룩말은 사람에게 쉽게 길들여지지 않아요.
보통 말이라 생각하고 올라타면 큰일 나지요.

화났을 때는
귀를 뒤로 젖히고
이빨로 물어요.
뒷발차기를 하기도 해요.

기분 좋을 때는
잇몸을 다 드러내며
환하게 웃어요.

"사나운 야생마를 길들이는 우리 몽골 사람들도 얼룩말은 길들이지 못해."

"내 등에 올라탈 생각 마!"

🎤 애니멀 톡! _얼룩말의 종류

얼룩말은 언뜻 보면 다 비슷해 보이지만 종류가 다양해요. 줄무늬와 몸의 크기 등이 조금씩 다르지요.

"동물원의 날로는 그랜트얼룩말이야."

채프먼얼룩말 : 줄무늬와 줄무늬 사이에 희미한 줄무늬가 또 있어요.

그랜트얼룩말 : 굵은 줄무늬가 배까지 있어요.

그레비얼룩말 : 전체적으로 줄무늬가 가늘고 줄무늬 수가 많아요. 배에는 줄무늬가 없어요.

하트만산얼룩말 : 목 밑에 작은 혹이 있고, 배에는 줄무늬가 없어요.

민둥민둥 커다란 코뿔소

코뿔소는 몸에 털이 별로 없어요.
꼭 갑옷을 입은 것같이 뻣뻣하고 두껍지요.
커다란 덩치만큼 힘도 무지 세요.
쫑긋 솟은 두 귀는 작고 귀엽지만,
코에 난 커다란 뿔은 매우 위협적이에요.

코뿔소는 육지 동물 중 코끼리 다음으로 몸집이 크다.

꼬리는 몸집에 비해 짧은 편이다.
길이는 60-75센티미터 정도 된다.

귀 안쪽은 파리를 쫓을 때 아주 좋아.

다리는 뭉툭하고 두껍다.
다리 하나가 200킬로그램 정도 된다.
발톱이 있는 발굽이 3개이다.

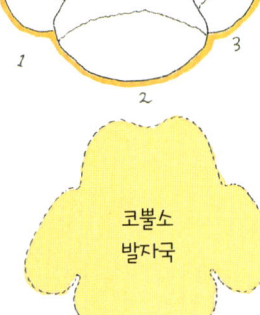

코뿔소 발자국

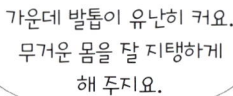

가운데 발톱이 유난히 커요.
무거운 몸을 잘 지탱하게 해 주지요.

코뿔소는 창과 방패를 모두 가졌어요

코뿔소의 코에 난 뿔은 창이라 할 수 있어요.
공격하는 무기가 되니까요.
코뿔소의 두꺼운 피부는 방패라 할 수 있지요.
다른 동물의 공격을 막아 주니까요.

야생에서 코뿔소는 천적이 거의 없는 동물이에요.
그런 코뿔소도 무서워하는 게 있어요.
자기보다 몸집이 큰 코끼리, 혹은 힘센 다른 코뿔소예요.

◎ **방패 역할을 하는 갑옷 같은 피부**

사자가 달려들어도 코뿔소는 끄떡없어요.
사자의 날카로운 이빨이 단단한
코뿔소의 피부를 쉽게 뚫지 못하거든요.
살짝 상처만 날 뿐이지요.

◎ **깔끔이 코뿔소의 화장실**

코뿔소는 굉장히 깔끔해서 똥을 아무 데나
누지 않고, 한 군데서만 볼일을 봐요.
지정된 곳을 여러 코뿔소들이 공중화장실처럼 같이 써요.

① 똥 냄새 맡기
다른 코뿔소의
똥 냄새를 맡아요.

② 똥 싸기
꼬리를 말아 올리고 똥을 싸서
다른 코뿔소의 똥 냄새를 덮어요.

◎ 코뿔소랑 친해지기 바라!

코뿔소는 자기 먹을 풀만 건드리지 않으면 화를 잘 내지 않는 순한 동물이에요.
코뿔소도 성격이 제각각이라 바부는 혼자 있기를 좋아하고, 젤라니는 사교적이랍니다.

'바부'는 오래 살라는 뜻이고, '젤라니'는 건강하라는 뜻이에요.

바부 　 젤라니

① 애정 듬뿍 담은 예쁜 이름 지어 주기
코뿔소와 친해지기 위해 이름부터 지어 주었어요.

② 뿔과 머리를 자극하는 장난감 만들어 주기
장난감 모빌을 만들어 주니 매일 갖고 놀아요.

코뿔소는 바닥에 난 풀을 먹기 때문에 거의 대부분 머리를 숙이고 있어요. 게다가 무거운 뿔이 달려서 어깨 높이로 머리를 드는 걸 싫어하지요. 그래서 자연스럽게 고개를 들게끔 모빌을 위쪽에 달아 자극을 주고 있어요.

진흙에서 뒹굴뒹굴하니 기분이 좋아지네.

◎ 뜀박질 잘하는 코뿔소

코뿔소는 한 시간에 50킬로미터를 달릴 수 있어요.
다리가 긴 기린과 비슷한 속도이지요.

용수철처럼 두 발로 통통통 뛰는 모습이 아주 귀여워요.

◎ 진흙 목욕은 즐거워!

뜨거운 햇빛으로부터 피부를 보호하고, 체온을 낮추는 데는 진흙 목욕이 최고예요. 진흙이 말라 떨어지면서 피부에 있는 진드기도 같이 떨어지고 벌레에도 잘 물리지 않아요.

다 자라도 120센티미터 아담한 무플론

세상에서 가장 작은 양, 무플론!
무플론은 양들의 조상이라 할 수 있어요.
기원전 5천 년 전에는 우리나라에도 살았다고 해요.
몸집은 작지만 절벽을 잘 뛰어다니는 능력자예요.
머리에 난 뿔이 엄청 멋있지요?

사람과 다르게 무플론의 동공은 "—" 모양으로 되어 있다.

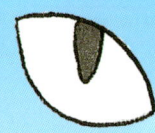 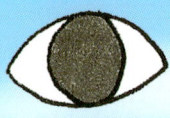 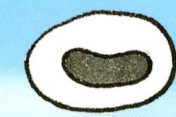

고양이 눈 / 사람 눈 / 무플론 눈

가파른 바위산을 까치발로 또각또각 걸어 다녀!

주로 사막의 언덕이나 높은 산속에서 산다.

시야가 굉장히 넓어 자신의 엉덩이 부분까지 볼 수 있다.

꼭 우리 엄마 하이힐처럼 생겼다.
또각또각 소리가 좋아.

발굽은 높은 지대를 다니기에 좋게 되어 있다.

고무처럼 탄력이 좋은 발굽 덕에 높은 곳에서도 미끄러지지 않고 잘 다닐 수 있어요.

겁 많은 무플론은 박치기 왕!

무플론은 몸집은 작지만,
커다란 뿔의 힘은 강력해요.
뿔로 박치기를 하면 1톤의 무게도
거뜬히 쓰러뜨릴 수 있지요.
작다고 무플론을 무시하면 큰일 나요.
수컷들은 서로 박치기를 하며 서열 싸움을 해요.

이기는 편이 내 편!

누가 더 힘이 센지 겨뤄 보자고!

쾅

◎ 무플론의 박치기 장난감

박치기를 좋아하는 무플론이 하루 종일 심심하지 않도록
나무와 밧줄로 박치기를 할 수 있는 장난감을 만들어 주었어요.

무플론이 재미있게 갖고 놀면 좋겠네.

쿵!

지금은 박치기하는 게 아냐. 뿔과 뿔 사이가 간지러워서 나무에 머리를 대고 비비는 거야.

쓱쓱

◎ 겁이 많은 무플론

처음에 무플론과 친해지기 위해
무플론의 털을 몸에 비벼 냄새를 묻혔어요.
그런 다음 무플론이 한참을 킁킁거리며
안심할 때까지 기다렸지요.

비비적 비비적

킁킁, 익숙한 냄새인데?

쾅!
퉁

태평양

알면 알수록 다양한 풀 먹는 동물들

동물원에는 더 다양한 풀 먹는 동물들이 있어요.
미처 소개하지 못한 동물 친구들을 만나 보아요.

바위너구리 : 아프리카와 아라비아 반도에 살며, 풀, 나뭇잎, 새싹, 과일 등을 먹는다.

두발가락나무늘보 : 중남미에 살며, 나뭇잎, 과일 등을 먹는다.

카피바라 : 남아메리카에 살며, 과일, 건초, 수생식물 등을 먹는다.

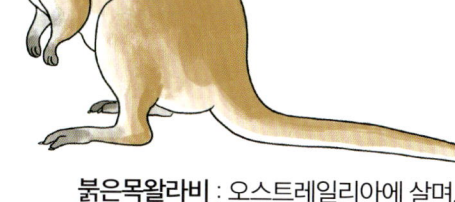

검은꼬리프레리도그 : 북아메리카에 살며, 과일과 나뭇잎 등을 먹는다.

붉은목왈라비 : 오스트레일리아에 살며, 풀, 열매, 나뭇잎 등을 먹는다.

설가타육지거북 : 중앙아프리카의 사막에 살며, 오이, 당근, 풀 등을 먹는다.

앨더브라육지거북 : 아프리카 앨더브라 제도에 살며, 긴 목으로 높이 매달린 나뭇잎을 먹는다.